그리워
그리며
그리고

그리워 그리며 그리고

초판 1쇄 발행 2024년 3월 31일

지은이 이계선
펴낸이 장길수
펴낸곳 지식과감성#
출판등록 제2012-000081호

교정 김나현
디자인 정은혜, 서혜인
편집 서혜인
검수 한장희, 정윤솔
마케팅 김윤길, 정은혜

주소 서울시 금천구 벚꽃로298 대륭포스트타워6차 1212호
전화 070-4651-3730~4
팩스 070-4325-7006
이메일 ksbookup@naver.com
홈페이지 www.knsbookup.com

ISBN 979-11-392-1715-5(03810)
값 12,000원

- 이 책의 판권은 지은이에게 있습니다.
- 이 책 내용의 전부 또는 일부를 재사용하려면 반드시 지은이의 서면 동의를 받아야 합니다.
- 잘못된 책은 구입하신 곳에서 바꾸어 드립니다.

지식과감성#
홈페이지 바로가기

이계선 시집

그리워
그리며
그리고

이계선 지음

재치 있으면서
재미난 시를 쓰는 시인!
독특한 기법으로
시를 적는 시인!
사람들에게 행복을
전달하는 멋진 시인!

추천의 글

　이계선 시인이 첫 시집을 발간한다. 시인은 바쁜 일상으로 어렵게 감성 시 쓰기 공부를 시작했고 지금까지 참 부지런히 시를 적어 왔다. 시인에게 일상에서 감동한 순간을 시상으로 잡아 달라고 부탁했는데 그 부탁을 저버리지 않고 시 속에 잘 담았다. 그러기에 시집 속에 담긴 시는 한결같이 읽을 맛이 나고 바쁘게 살아가는 독자들에게 잠시 쉴 수 있는 여유를 줄 수 있게 되었다.

　나는 이계선 시인을 좋아한다. 하지만 독특한 기법으로 시를 적은 시인의 시도 좋아한다. 시인의 시를 읽다 보면 시 속에서 시인이 만난 많은 사람들을 만나게 한다. 그 사람들 중에는 사랑으로 담긴 가족이 있다. 우리가 지금 얼마나 바쁘게 살고 있는가? 나 역시 바쁘다는 핑계로 지나쳐 버렸던 가족들 사랑을 다시 한번 돌아보는 기회를 가졌다.

　재치 있으면서도 재미난 시를 쓰는 시인! 이계선 시인에게 거는 기대가 크다. 이 시는 이제 시집과 SNS를 통해 독자들을 만나게 된다. 그러기에 이계선 시인이 더 많은 시를 적어 사람들에게 행복을 전달하는 멋진 시인이 될 수 있게 도와드리겠다는 약속을 한다.

　이 시를 만날 독자들, 특히 시집을 받아 들고 환하게 웃을 가족을 생각하니 벌써 가슴이 따뜻해진다.

— 커피시인 윤보영

인사말

그리워
펜을 들었습니다.
그리며
메모를 하였습니다.
그리고
그리움을 그렸습니다.

마치
옆에 있어도 보고 싶고
옆에 있어도 그리운 것처럼!

그것은
목마른 그리움에
메마른 마음을 적시는 물 한 모금이었습니다.
그것은
못다 한 사랑 찾아
살아 숨 쉬는 자연과 대화하는 마음이었습니다.
그것은
떠도는 행복을 불러
내 삶의 주인공으로 살아가게 만드는 힘이었습니다.

사람과 자연이 우리 곁에 있는 것은 '항상', '당연'이 아닙니다. 한 번 더 바라보고 조금 더 소중히 여기는 마음을 갖는 데 저의 시가 조금이라도 울림이 된다면 더없는 행복이겠습니다. 더불어 시를 쓸 수 있게 곁에서 응원해 준 가족들과 시심을 열어 준 윤보영 커피시인님께도 감사드립니다.

감사합니다.

— 2024년 1월 학윤(學潤) 이계선

차례

추천의 글 5
인사말 6

제1장 행복 이야기

나의 꽃 14
부자 15
설렘 16
행복 이야기 17
행복 18
나에겐 19
내 그리움 20
운명 21
용량 초과 22
우리가 함께하는 여행은 23
고백 24
봄 25
아침 선물 26
참 좋은 당신 27

나는 28
사람 마음 29
새해 아침 30
안심 31
달리기 32
다시 33

제2장 그리움이 남아 있는 책

나에게 36
채널 37
당신이라는 단풍 38
약속 39
그리움 40
우산 속 당신 41
이유가 필요하나요? 42
꽃 그리고 사랑 43
올 봄엔 44
미역국을 끓이며 45
삶과 사랑 46
비결 47
존재 이유 48
호랑이해 49

그리움 바보 50
당신 51
사랑 공식 52
그리움이 남아 있는 책 53
그리움쟁이 54
고마운 그리움 55

제3장 우리의 만남

우리의 만남 58
편지 59
닦아 놓은 유리창 60
고민 61
당신이니까 62
언약 63
팔 굽혀 펴기 64
별 65
희망 사항 66
우짜꼬 67
아들아 68
깨달음 69
그리움 70
아내 71
간절함 72
기도 73
소나기 74
그렇습니다 75
사랑 면허증 76
매듭 77

시샘 78
오늘도 79
사진 80
풍경 그리움 81
있잖아 82
애간장 83
우리 둘이서 84

제4장 사랑 단추

꽃 86
안경점에서 87
내 그리움같이 88
에스컬레이터 89
조약돌 90
패스워드 91
신발도 행복 92
별 93
무조건 94
돌다리 95
양말 96
단추 사랑 97
달력 98
달 99
청계천 100
내 마음의 대보름 101
사랑 탑 102
버드나무 103
커피 104
연못 그리움 105

계란처럼 106
대중탕 교훈 107
비 오는 날 퇴근길 108
잡채 109
시소 110
은행잎 111
기찻길 112
신발 113
파피용 114
봄비 115
그리움, 커피 116
청계천의 봄 117
잡초야 118
목련꽃 119
김밥 120

제5장 산다는 것은

새옹지마 122
독백 123
처음처럼 124
가을을 맞이하며 125
사랑 126
캘리그래피, 예찬 127
캘리그래피, 감사 128
캘리그래피, 바보 129
모녀간 대화 130
요즘 아이 131
No problem 132
행복감 133
달인 134
그리움 연가 135
천생연분 136
그리우면 그리워하자 137
텃밭에서 138
습관 139
한눈팔다 큰코다치는 이유 140
근무 타입 141

산다는 것은 142
참교육 143
구몬 선생님 144
대학 졸업하는 아들에게 146
독백 148
꽃, 그리고 사람 149

제1장

행복 이야기

나의 꽃

올 한 해
건강 꽃, 웃음꽃에
사랑 꽃까지 피우느라 애썼다

그 꽃
참 예뻤다
피우길 잘했다

새해에도
꽃을 피워야겠다
꽃을 피우며 살아야겠다

그 삶 속에서
더 많이 웃어야겠다
한겨울에도
따뜻한 생각을 꺼낼 수 있게
저절로 행복 꽃이 필 수 있게

부자

아무도 타지 않은
첫 전동차가 다가옵니다

저 안에, 그대의
비단 같은 사랑을 가득 싣고
출근하는 나는
아침마다 행복한 부자가 됩니다

설렘

마음에서 마음으로
전하는 것이
'이심전심'이고

굽이굽이
사무친 마음속이
'구곡간장'이라지요

내 마음속 깊이
사무친 그대 그리움이
오늘 밤도 전해졌으면 좋겠습니다

설레는 밤을
만들었으면 더 좋겠습니다

행복 이야기

강이 있어야 바다가 있듯
행복하게 살아가는 부부도
만남에 사랑이 있어서
인연을 맺었습니다

행복한 가족도 그렇습니다
아내나 남편,
자녀나 부모가 있어야 가족이 됩니다

부부나 가족처럼
먼저 하나가 있고
그 하나가 다른 하나를 만날 때
더 큰 하나가 될 수 있습니다
우리 행복도 그렇습니다

행복하다, 행복하다
혼자라도 되뇌다 보면
저절로 행복해질 수 있다지만
그 행복도, 저처럼
행복을 더해 주는 누군가를 만날 때
더 큰 행복이 될 수 있습니다

행복

아침이 행복한 이유는
일찍 잠 깬
내가 있기 때문이고

오늘 아침
더 큰 행복을 느끼는 것은
당신 생각을 꺼내고 있기 때문입니다

꽃으로 있다가 나무로 있고
나비로 있다가 새로 있는 당신!

무엇이면 어떤가요
그저
있기만 하면 되는데

나에겐

누군가
"내 사전에 불가능은 없다"라고 했다죠?
그러나 나에겐
예외가 있네요

절대 지워지지 않는
그대 그리움!

내 그리움

당신 생각이
너무 많아
내 그리움이
채워지지 않아요

그대 생각은
덜할 수도 없고
어떻게 하죠?

운명

세 살 버릇
여든까지 간다고 하는데
내가 당신을 사랑하는 것은
버릇이 아니라
운명입니다

사랑!
수시로 나오는 것이 아니라
시도 때도 없이 나옵니다

사랑 속에 잠겨 살지만
잠겨서도
운명이라 생각하니 행복합니다

용량 초과

내가 속이 좁나 봐요
당신 그리움
용량 초과!

무한대 용량으로
다시 만들기 위해
클라우드에 올려야겠어요

우리가 함께하는 여행은

늘
내 가슴에 솟아나는
'당신 그리움'
잠시 쉬게 하고

그때
못다 한 그리움
'우리 동행' 속에서
쉼 없이 달려 나올 수 있게 하고

고백

내 마음은
당신 그리움입니다

아니
아니
그냥
꽃입니다

그대 생각이 피운 꽃!

봄

꽃이 핀다고
봄이 왔겠냐마는
꽃 없는 봄은 없다

새가 운다고
봄이라 할 수 있겠냐마는
새 없는 봄도 없다

꽃이 그러하듯
새가 그러하듯

나에게 당신 없는
행복은
있을 수 없는 것처럼

아침 선물

오늘도
사랑할 수 있는 당신이
내 곁에 있어서
참 행복한 아침입니다

이 아침이
나에게 선물인 걸 알게 해 줘서
고맙습니다

참 좋은 당신

음식 안 먹어도
배가 든든한 것은
그대 그리움이 가득하기 때문이고

웃지 않으려 해도
저절로 미소가 이는 것은
내 안에 당신이 있기 때문입니다

그래서겠지요?
내가 늘
웃음을 귀에 달고 사는 이유가

나는

자꾸 잊어 먹어
꾸중 듣는
결혼기념일
3월 10일!

하나도
이렇게 힘든데
두 개는 어렵겠다
엄두도 못 내겠다

사람 마음

사람 마음
한 치도 모른다고 했죠?
하지만
나는 행복합니다
오늘도 당신을
무조건 사랑할 수 있으니

새해 아침

여보
혹시 나이 한 살
주문했어요?

나한테 와서
내가 대신 받았어요

괜찮죠?

안심

활활 타오르는
당신 그리움!
소화기로 끌 수 없고
소방차로도 안 됩니다

하지만
걱정하지 마세요
불장난은 안 하니까

달리기

결승점에
그대가 서 있다면
나는
무조건 1등이다

다시

나는 다시 알았다
사람은 바뀌지 않는다는 것을

나는 다시 보았다
그래도 바뀌길 바란다는 것을

나는 이제 알았다
오히려 나 하나 돌아섰으면 좋았을 것을

그리고
다시 평화로운 나를 본다

그리고
다시 사랑스런 너를 본다

제2장

그리움이 남아 있는 책

———

나에게

꽃은 예쁨이었고
새는 아름다움이었고
하늘은 맑음이었는데

당신을
알고부터
모든 것이
못 미침이 되었습니다

예쁘고
아름답고
맑음은

다시 생각해도
그대가 최고라서요

채널

꽃 같은 그대
어찌하오리까
내 밖에서 만났다가
내 안에서 만났다가

당신이라는 단풍

우리는
단풍을 보는 것만으로도
행복해하고
떨어지는 낙엽에도
눈길이 갑니다

단풍잎 떨어진 자리에
새싹 틔울 봄이 있듯
당신은 내게 봄입니다

내 눈길이 가게 하는
새싹이고 꽃입니다

약속

일손이 모자라 헤맨다 해도
당신 위한 따뜻한 손 하나는
늘 남겨 놓을게요

그리움

찻잔에
향이 넘치는데
내 마음속 사랑은
언제 다 채워질까?

부어도
부어도 부족한데
부족해서 더 행복한데

우산 속 당신

비 오는 아침
많은 사람과 마주칩니다

혹시 아는 사람 없을까
없습니다

잠시 눈을 감고 있습니다
내 안에서
웃고 있는 당신!

우산 속에 살포시
보듬고 걸어갑니다

이유가 필요하나요?

그래서일까
그러나일까
모르겠습니다

당신이
그냥 좋습니다
마냥 좋습니다

꽃 그리고 사랑

꽃이 씨를 낳고
씨는 꽃을 피우듯
사랑이 그리움을 낳고
그리움은 사랑을 피웁니다

그 사랑
내 가슴에 담긴
그대 눈빛입니다

올 봄엔

내 마음에
꽃길을 만들었습니다

당신은
꽃길을 걷다가
꽃을 심은 내 마음
몰라도 됩니다

그 꽃은
당신 좋아하는
내 마음이고

꽃길 걷는 당신 모습!
실컷 보고 싶으니까요

미역국을 끓이며

참기름 붓고
소고기를 볶다가
미역과 마늘을 넣었습니다

손과 눈은 바빠지고
바빠진 만큼
마음은 더 행복한 지금!
간을 보니
구수한 맛이 제법입니다

미역국이
가족에게 우려내 주는
아내 사랑과 닮았다는 사실!
미역국을 끓이다 알았습니다

당신의 사랑!
당연한 것이 아니었습니다
감사한 일이었습니다

우리에게 사랑을 준 당신!
당신 생일을 축하합니다

삶과 사랑

'삶'이라는 글자를
'사람'이라고도 읽을 수 있지요

그런데
'사람'을 힘을 빼고 쓰면
'사랑'이 되기도 하겠네요

그러고 보니
우리 '삶'도
힘을 빼면
'사랑'이 될 수 있네요

하지만
삶도 사랑도
당신이 있어서 가능합니다

비결

수수께끼는 풀면서 재미있고
수학 문제는 풀리면 통쾌하고
사람 관계는 풀고 나서 시원하죠

하지만
그리움은
풀리지 않기를 바랍니다

그게
내 안에
그대 생각
평생 담고 사는 비결이니까요

존재 이유

없는 거 빼고
다 있다고 하는
동대문 종합 시장에 왔습니다

와서 보니 틀렸네요
없는 것도 있네요
아무리 둘러보아도
찾을 수 없는
'그대 사랑!'

어쩌면 이게
내가 존재하는 이유 아닐까요?

호랑이해

꿈에서
호랑이와 방긋 웃는 당신!

호랑이와 당신
그리고 나!
셋이서 길을 걷고 있네요

올해도
우리 사랑!
대박입니다
어흥~

그리움 바보

내 안에 쌓인 추억이
당신을
그립다 못해 아리게 만듭니다

그래도
다시 찾고 있는 당신!
이런 내가 바보 같죠?

바보라도 괜찮아요
그리운데
보고 싶은데

당신

당신 그리움은
파란 하늘에 구름 되어 머물고

한 송이의 꽃은
그 구름 바라보며 방긋 웃고

구름처럼 하얗고
꽃처럼 아름다운 당신

사랑 공식

내 사랑 1점
당신 사랑 99점
더하면 100점
아니
200점!

그리움이 남아 있는 책

책장에서 책을 꺼냅니다
한 번쯤 읽어 보았던 내용
그리고
그대 흔적이 담긴 책갈피!

다시 한 권 꺼냅니다
페이지마다 적힌 그대 이름!

눈을 지그시 감습니다

늘 함께한 그대 그리움을
또
그리워하고 있습니다

그리움쟁이

나는 늘
당신 그리움이다

내 가슴에
내 기억 속에
당신 웃는 모습!
그림으로 그려 둔

고마운 그리움

그리워하면
외로움의 공간이
좁아지기에

당신을 그리워하는 것만으로도
고마운 일입니다

그대를 선택한 것은
참 다행한 일입니다

제3장

우리의 만남

———

우리의 만남

만남에는 반가움이 먼저였습니다
주고받는 눈빛과
오고 가는 마음속에
차츰 쌓이는 정!
우리 사랑이 그랬지요

우리에겐
만나면 늘 웃음이 있었지요
함께 이야기 나누다가
그 속에서 피는 꽃!
우리 기쁨이 되었지요

기쁨을 나누면서
우리는 행복을 만들었지요

그렇습니다
그런 그대와 내가 만났으니
우리 삶에, 깊은
향기가 안 날 수 없지요

편지

장롱 속 종이 상자
편지 712통
한 통 두 통 읽다가

어느새
꽃이 된다

수줍게 피었던
그때 그 꽃!

가슴이
그 꽃 된 봄이다

닦아 놓은 유리창

비 온 뒤
유리창을 닦습니다

먼지와 손자국을
입김까지 불어 가며 닦아 냅니다

앗!
잘 닦아 놓은 유리창에
당신이 보이네요

티 없이 고운 당신!

유리창을 닦다가
마음까지 닦았나 봅니다

고민

너무도
그리웠던 그녀가

길 건너 횡단보도
신호등에 막혀 있네요

차는 오는데
바쁜 일상이 놓여 있는데

어떡하면 좋죠?

당신이니까

그대 그리움에
눈을 감았는데
오히려
그대만 보입니다

지극히 정상인데
왜 이렇게 기분이 좋지요?

언약

호랑이는 죽어서 가죽을 남기지만
지금 이대로 죽으면
나는, 그대
그리움을 남길 것 같습니다
그래서
더 많이 사랑하겠습니다

팔 굽혀 펴기

"예순셋, 예순넷, 예순다섯!"
출근길에 팔 굽혀 펴기를 한다

때로는 3초도 귀찮았고
또 가끔은 10회, 20회를
하찮게 여기며, 땀에 젖은
옷 말리기에 바빴지만

아침 햇살 한 줄기
바람 한 줌
새들의 합창에 담다 보니
어느새 예순다섯!

내일도 그 자리로 간다
오늘도 쉼 없는 건강!
당신이 있는 그곳으로 간다

별

별 하나 떠 있네요

더 없나 찾다
뒤돌아보니

반짝이는 당신
당신이 별이네요

내
가슴에 떠 있는 별!

희망 사항

붓끝의 탄성으로
작품이 되듯
당신 그리움으로
행복이 시작됩니다
내 안에서도 그렇고
내 밖에서도 그렇고

우짜꼬

아내를 따르면 평화요
자신을 알면 행복이라는데
나는 자꾸
다 내려놓고 싶으니

내려놓은 자리에서
그냥 아내와
커피 한 잔 마시면서
얼굴이나 실컷
바라볼 수 있었으면
이 생각만 드니

아들아

너는 무엇이든지 할 수 있다
할 수 있을 때 하지 않으면
하고 싶을 때도 못 할 수 있다

어제의 너처럼
너의 오늘도 희망으로 가득하다
내일 또한 그럴 거다

이 세상, 우리
살며, 사랑하며 배우며
오늘을 당당하게 살아가자

깨달음

가을이 주는 소리를 듣다 보니
당신 잔소리도 사랑이었네요

그리움

갑자기
당신이 보고 싶네요

매미 소리가 줄고
그 자리에
귀뚜라미 소리 길던 가을
지금처럼 그대가 보고 싶더니

매미도 없고
귀뚜라미도 없는데
이리 보고 싶은 걸 보면

그대는 계절과 관계없이
보고 싶은 게 맞습니다
그래서 더 좋습니다

아내

엄마 아닌 엄마로
친구 아닌 친구로

있는 듯 없는 듯
늘 거기 그 자리에서
미소 짓는 당신!
손길 내미는 그대!

내 사랑입니다
가족의 행복입니다

간절함

만약
당신 향한
내 사랑이

틀면 쏟아지는
수돗물 같다면

나는
더 이상 바랄 게 없겠습니다

기도

내가 죽어서도
내 안의 그리움은
하늘에서 매일 찾는
그런 귀한 그리움이었으면
좋겠습니다

끝없이 당신이 생각나는
그런 그리움 말입니다

소나기

당신 생각이
쌓이고 쌓여
그리움을 뚫었나
소나기가 내립니다

그렇습니다

출근길에
따뜻한 커피 한 잔 들고
사무실로 올라갑니다

잔 속에
그대 생각이 담깁니다

사랑은 받는 게 아니라
주는 것이란 말이 있듯

그대 생각이 행복으로 만든
지금 기분을
그대에게 전하고 싶습니다

나처럼
당신도 행복했으면 좋겠습니다

사랑 면허증

2종 보통 운전 면허증은
7년 무사고로
1종 보통이 되었는데

내 사랑 면허증은
26년 무사고임에도
아직 3종 보통이래요

함께 웃는 웃음 수로 결정되는
사랑 면허증

여보!
최고의 사랑 운전할 테니
내년에는 2종 보통 사랑 면허증
발급받고 싶어요

매듭

반짝이는 별이
그대 사랑이라며
내 마음에 수로 놓이네요

지금 마음
평생 풀리지 않게
사랑 매듭을
묶어야겠어요

시샘

커피 잔 안에 그려진
하트 안에
그대 생각을 담았더니
향을 내던 커피가
시샘하느냐고 묻네요

그래요
맞아요
이렇게 보고 싶은데
시샘 좀 하면 안 되나요

오늘도

내 안에서
그대 생각이
늘 꽃으로 피어나도록
그대를 그리워하고 있습니다

그러다
나도 꽃이 됩니다
그대와 어울릴 수 있는 꽃!

사진

인기척에
잠을 깬다
가고 있던 벽시계가
벽에 걸린 사진을 보라고 한다

면사포 곱게 쓰고
수줍은 미소

사진을 내 가슴에 걸었다
우리
결혼하길 잘했다
꿈속에서 만나면
고맙다고 해야겠다

풍경 그리움

사랑은
연필로 쓰고 지운다지요?
하지만, 그리움!
내 가슴에 있는 이 그리움은
지울수록 더 번져 나가네요

알고 보니
내 그리움은
당신이 그려 두었더군요

그래서일까요?
당신은 볼수록 예뻐요

내 안에
이 모습 이대로 걸어 두고
생각날 때마다 보아야겠어요

있잖아

'불만' 가지고 있다간
담배 한 대 못 피우고
그 불에
네 마음이
까맣게 탈 수 있대요

어떻게 하실래요?

애간장

당신 만나러 가는
KTX
오늘 참 느리네요

내려서
밀까요?
끌까요?

아니
짊어지고
뛸까요?

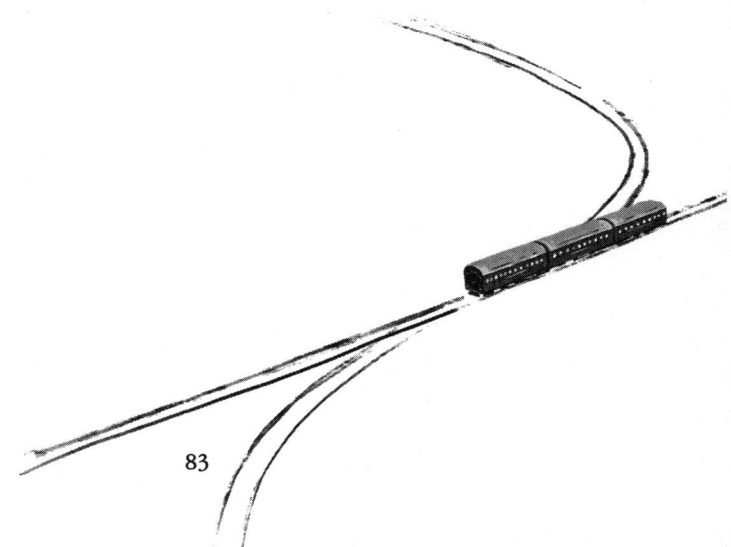

우리 둘이서

당신이니까 아름답고,
나니까 멋있습니다

그
생각이
배짱이어도 괜찮습니다
진짜면 더욱 좋습니다

우리
그렇게
믿고
살아가요

아름다운 당신이여

제4장

사랑 단추

———

꽃

화가는 붓으로
꽃을 그리고

사진가는 카메라로
꽃을 담고

나는 그리움으로
꽃을 피우고

이 중에
그리움으로 핀 꽃이
제일 향기롭다

안경점에서

새 안경 쓰고
거울 보니
당신만 보입니다

이 안경
사야겠지요?

내 그리움같이

단풍나무야
너는 알고 있니?

너는 잎을 물들여
행복을 주지만
나는 변하지 않는 사랑으로
행복을 얻는다는 사실!

에스컬레이터

에스컬레이터에
'뛰지 마세요'라고 쓰여 있네요
그러나
계속 뛰는 사랑!
어떻게 하죠?

내 그리움 끝에
그대가 있는데
그대를 빨리 만나고 싶어
내 안에서
뛸 수밖에 없는데

조약돌

해변에 조약돌이 있어요
파도 속에서
대화하며 다듬어진 너!
너에게
'둥글게'라는 마음을 적는다
아니
우리 사랑이라고
고쳐 적는다

패스워드

금고 비번은
아홉 자리

내 마음 비번은
딱 한 자리

'너'

내 마음의 주인은
너니까
네가 맞으니까

신발도 행복

군대 간 막내가
1년 만에 휴가를 나왔습니다

현관에 신발들이
뒤엉켜 있어도
정리하고 싶지 않습니다

흩어진 저 신발들도
오늘은 행복입니다

별

그대 그리움을
헤아리느니
차라리
하늘의 별을
세렵니다

그 하늘
내 가슴에 있고
그 별
번호표를 매겨 가며 붙였으니까요

무조건

단풍을 선물하고
겨울밤을
홀로 지새는 나무야

밤이 되면
별과 달을 가지 끝에 불러
외로움을 달래는 나무야

오늘은
별과 달 대신
내 안의 그대 모습
걸어 주겠니?

그 모습 그대로
내 안에 옮겨
꽃으로 피우고 싶어서 그래

그 꽃을
보고 싶은 사람
웃는 얼굴로 만들고
싶어서 그래

돌다리

돌다리도 두드리면서 건너가라 했죠?
그런데 내 안이
이미 그대 그리움으로
가득한데
어디를 두드려야 할까요?

동서남북
내 안
어디를 가도
오직 그대 생각뿐인데

양말

신고 있는 양말
앞뒤로 구멍이 났다

앞이 답답해서
구멍을 내었을까?
너에게 가는 길이
궁금할 수도 있지

뒤가 궁금해
구멍을 냈을까?
너에게 잘못 가면
돌아가게 하려고 그랬을 수 있어

모르겠다
모르겠어

양말을 신으면
그냥 행복한 것 말고는

단추 사랑

단추가
옷을 여미는
처음과 끝이듯

내 사랑 꾸미는
처음과 끝이
당신이어서

나는
참
행복합니다

달력

달력에 그려진
동그라미 속에

기념일과 약속
그리고 여행!

설렘과 행복을
꼭 보듬고
우리를 기다립니다

내 가슴에
달력이 있습니다
당신이 주인인 달력

달

내가 바라보면
항상 나를 보고 있는 달!
달이 있는 밤이
더 아름답네요
보고 있는 달이
당신이라 생각하는데
아름답지 않을 수 없겠지요?

청계천

청계천 따라
내려가는 물
돌을 만났다
물소리가 차다

그 짧은 순간의 떨어짐도
아팠던 모양이다
내 그리움같이

내 마음의 대보름

반달을 보는데
내 심장이 꽉 채워지는 느낌!

늘 당신의 반쪽이
내 안에 있었나 봅니다
행복한 웃음이
저절로 나와요

사랑 탑

미켈란젤로가
대리석 속에 있는
인물을 보며
돌을 쪼아 냈듯이

나는
내 마음속에 떠도는
당신 그리움을 찾아내
탑을 올립니다

그 탑
높을수록 기분이 좋고
탑을 돌면
그대 만나러 갈 때처럼
발걸음도 가벼워질 것 같아요

버드나무

물에 닿을 듯 말 듯
길게 늘어진 가지마다
그리움 달아 놓고

당신 생각
가득 담긴 연못
내 안에 옮겼습니다

참 많이 그립습니다

커피

겨울
이른 아침!

그대 그리움
담긴
커피 한 잔 마셨더니

내 마음은
이미
봄이 되었네요

그대 생각이
파릇파릇
돋아나네요

연못 그리움

연못 속에 비추어진 모습
당신이었으면
우리 서로 마주 보고 있을 텐데

풍덩
개구리가 뛰어들면
당신 얼굴 지운 개구리
미워질 텐데

계란처럼

계란이 제 모습을 보이려면
깨어져야 합니다
깨어져야 프라이를 할 수 있고
깨어져야 요리에 넣을 수 있고
깨어져야
삶은 계란도 먹을 수 있습니다

나도 나를
깨우고 싶습니다

'할 수 있어!'
'하면 돼!'

계란처럼
불가능했던 나도
가능한 나로
깨워 줬으면 좋겠습니다

대중탕 교훈

'때'는
기다릴 줄도 알아야 하지
무턱대고 들이대는 것이 아니다

비 오는 날 퇴근길

바닥에 붙은 낙엽
내린 비로 떨어지지 않아
청소하는 사람들
빗자루에 힘이 들어갑니다

그런데 낙엽은
길 건너 전봇대 옆
큰 비닐 주머니에 담길 때
혹시 그 자리에
더 머물고 싶지 않았을까요?

그럴 수 있어요
관심을 두지 않았을 뿐
비를 피해 종종걸음 쳤던
우리와 달리
더 머물고 싶었을 수 있어요

비닐 속에서도
나뭇잎으로 역할 다한 낙엽은
그 마음마저 내려놓고
어쩌면 빗소리를
즐기고 있을지 모릅니다

잡채

양파, 당근, 버섯, 시금치, 고기
혼자서도 거뜬한 녀석들

당면과 멋진
작품이 되기를 바라며
다듬고 볶고 양념을 합니다

드디어
한데 모아 섞는 당신의 손길!
마법이 펼쳐집니다

참기름, 간장, 물엿으로
서로를 달래고 아우르고
마지막 한 줌의 참깨는
마술을 부립니다

맛까지 행복을 만드는
당신의 손길은
내 사랑입니다

시소

한 연인이 시소를 탄다
하늘로 솟아오르며 생긋
땅으로 내려가며 방긋

부럽고
부러워서
옆 시소에 앉는다
어느새
건너편에 앉은
그대

당신 태우고서
오르락내리락

내 안에서
시소를 탄다
그리움을 탄다

은행잎

바닥으로 흩어져 내려와
금빛 아름다움을
쏟아 내는 너

별나라에서
너를 보면
깜짝 놀라겠다

내가 당신 모습에
놀랐던 것처럼
무슨 그리움이
저리 많을까?
많이 놀랐겠다

기찻길

당신 그리움 챙겨
기차에 올랐습니다

맨 뒤 칸에서
지나온 길을 바라봅니다

사랑이 얼마나 깊으면
이 무거운 기차가 지나가도
저렇게 흐트러짐 없이
서로 마주 보고 있을까

신발

신발 가게에 갔습니다
예쁘고 멋있고 유행하는 게 많지만
결국 편한 신발로 사게 되네요

나도 당신에게
신발처럼
편한 사람이면 좋겠어요
멋도 있다면
더욱 좋고요

파피용

탈출구 없는 그리움에
갇혔습니다

그러나
그 그리움

내 가슴속에 있으니
벗어날 생각 추호도 없습니다

봄비

겨우내 움츠렸던 온 누리!
꽃피울 준비하는 꽃망울에게
소리 없이 다가가 반가움이 되고

어느새 내 가슴에 들어와
간절한 당신 생각!
다시 꽃피워 고마움이 되고

그렇게 내 곁에 다가온 봄!
그대 생각 더 나게
내 안에 머무는 봄

그리움, 커피

그대라는 꽃이
내 안에서
늘 피어 있도록
오늘도
그리움을 채웁니다

빈 잔에
커피 담기듯
그대 생각이 담깁니다

청계천의 봄

이른 아침 새들
버드나무 위에서 노래하고

겨우내 움츠렸던 시냇물
쪽빛으로 이어 달린다

산수유꽃빛 이어받아
개나리꽃이 피고

그러다 결국
내 안의 그대를 불러낸다

이 봄에, 청계천에는
그대라는 꽃이
제일 잘 어울린다며

잡초야

이름 없어 뽑힐 수도 있지만
땅속 깊이 뿌리내리고
오늘도 자기 길을 가는 잡초

하지만 너는
누군가에게
아름다운 꽃이 되고
희망이 될 수 있다

늘 그리운
그대 가슴에
잡초로 자라고 싶은 나처럼

목련꽃

너무 맑아
발걸음 멈추게 하고

너무 고와
눈길 잡고 안 놔주는
목련아!

새벽 가로등도
질투 나게
너만 바라보고 있으니
어쩌면 좋니?

김밥

당근, 계란, 햄은
눈을 즐겁게 한다

고소한 밥 사이에
수줍은 듯 담겨 있던
깻잎도 상큼한 향을 피운다

예고 없이 다가와
고소한 맛을 보이는 참기름은
그리움을 닮았다

김밥이 그렇듯
그리움에 담긴 생각
그 생각도 사랑이다

제5장

산다는 것은

_____

새옹지마

아파도
많이 울지 말고
좋다고
마냥 웃고 있지도 말자

여름 지낸 귀뚜라미
가을을 노래하듯
토라진 일상이
다시 미소 지을 수 있게
그냥 기다려 보자

인생 새옹지마
곧 행복이 올 텐데
그대까지 함께 있는데

독백

가랑비에 옷 젖고
티끌 모아 태산이 되듯

하루 한 번
그대 생각
꺼내고
꺼내다 보면
벚꽃처럼 사랑으로 피겠지

오늘도
그대가
참 많이 그립다

처음처럼

향기로운
그대 그리움

내 마음속에서
늘
피어 있는 꽃

그대라는
이름표를 달고

그대에게 느끼던
낯익은 향기를 담고

가을을 맞이하며

청계천 오가는
사람들 발걸음이 총총총
흐르는 물에 담겨
앞서거니 뒤서거니 내려간다

여름을 보내면서
지독한 더위에 지쳤던 풀도
그 기억을 잊고
바라보는 아침!

나는 어느새
손을 호주머니에 넣고
따사한 햇살 앞에 서 있다

유난히 더웠던 올여름에
많이도 기다렸던 가을이 왔다
그리움까지 담고
제법 맛까지 들어 왔다

사랑

사랑하니까 헤어진다고요?
그럼 헤어져요
그대 사랑 놓치기 싫으니

캘리그래피, 예찬

먹물에 붓이 담기고
나도 살며시 따라 담긴다
조용히 마음을 가다듬고
깨끗한 세상과 마주한다

모든 것을 비운 화선지와
모든 것을 품은 먹물이
붓으로 만나는 순간!

그 자리에 피운 꽃!
심장은 뛰지만
흐트러짐이 없다

캘리그래피 너는
자유와 질서를 양보하며
나를 이끌어 주는
아름다운 배려다
사랑이다

캘리그래피, 감사

호수에 떨어진 물방울이
호수 가장자리까지
울림을 만들 듯

당신의 캘리그래피는
부드럽고 애정 어린 관심!
사랑이 되고 감동이 되어
우리 마음에 물결로 다가옵니다

그 물결!
큰 호수를 만들고
바다가 됩니다

캘리그래피!
감사입니다
깊은 사랑입니다

캘리그래피, 바보

한 줄의 글과 그림이
이렇게, 나의
심장을 두근거리게 하고
눈시울을 적시게 만들다니!

아무 말도 못 하고
멍하니 바라보는 순간
나는 바보가 된다

당신의 관심에 조각되고
당신의 손길로 빚어진
행복한 바보!
애정 어리다

모녀간 대화

사랑이 밥 먹여 주니?
응
그 사람 부자야

요즘 아이

엄마가 좋아?
아빠가 좋아?
음
여자 친구요

No problem

가로등은
밤만 되면 고개 숙여
길 밝혀 주고
매미는
한여름 내내
목 놓아 사랑 찾았었는데

내가 당신 기다리며
이 목 하나 빠지는 거
아무것도 아닙니다

빠진 자리에
그대가 꽃으로 필 텐데

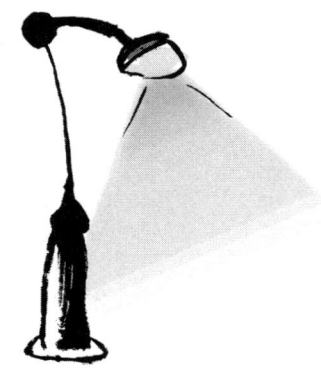

행복감

눈이 내린
하얀 세상 속에
당신이 있음을 느낄 때

쌓여 가는
당신 그리움 속에
내가 있음을 느낄 때

달인

반복은 최고가 되는
지름길이죠?
그리움 달인이 되고 싶어
오늘도
그리워, 그리워 그리워합니다

누구에게도 뒤지지 않을
당신 그리움
달인이 될 자신이 있습니다

그리움 연가

그리움에 이유가 있어야 하나요?
그리우면 그냥 그리운 거지

그리움을 탓하면 무엇 하겠어요?
그립게 하려면 그립게 하라지요

그리움은 행복을 준다는데
그 그리움 많을수록 좋은 거 아닌가요

그러니
그리우면 그냥
그리워하자고요!

천생연분

나는
만날수록 진국이고

당신은
스쳐만 보아도 아름답고

그러니
진국인 내가
스쳐 가는 그대를
잡아야 하지 않을까요?

그리우면 그리워하자

봄이 오면 꽃이 피듯
그리운 사람을 그리워하면
행복한 시간이 된다

맞다!
봄에, 모든
꽃이 피는 것은 아니듯
행복도 그냥 오지 않는다

내가
당신 생각하며 행복을 느끼듯
만들어야 한다

텃밭에서

잡초야
뽑혀도 뽑혀도
또다시 고개 내밀며
웃는 이유가 뭐니?

혹시
너 나 좋아하니?

습관

세 살 버릇 여든까지 간다지만
당신 그리워하는 버릇은
죽을 때까지 가겠지요
죽어서도
못 잊을 당신이니까

한눈팔다 큰코다치는 이유

두 눈 크게 뜨고
바라봐도 모자랄 판에
한 눈 뜨고 쳐다보니

당신 그리움이
가만히 있겠냐?

쯧쯧

근무 타입

오늘은
당신 그리움 안에서
재택근무 하려는데
괜찮죠?

산다는 것은

끊임없는 시작입니다
그대 만난 그날부터
그대 그리움은
날마다 시작입니다

행복으로 이어지기 위한

참교육

내 가슴에 쓰인 그리움
잠깐 지워 보려 했다가

그리움은커녕
내가 지워져 없어질 뻔했습니다

한 번 실수는 병가지상사!

구몬 선생님

문밖에서 배꼽인사 후
마주한 아이는
문제를 풀고 있습니다

반짝이는 눈
또박또박 읽어 내는 소리
"저 숙제 다 했어요!"
"이젠 잘할 수 있어요!"

그 한마디와 밝은 표정에
아이의 가능성을 읽게 됩니다

'하면 되는데
할 수 있는데
조금만 더 하면 되는데…….'
어제의 안타까움이 희망이 됩니다
자신감이 샘솟는 옹달샘이 됩니다

아이가 문제를
혼자서 풀어 가는 습관은

자신감과 끈기로 이어져
살아가는 힘이 됩니다

그 힘 끝에서
아이가 꾸는 꿈이 이루어지고
훗날 미래를 열어 가는
진정한 일꾼이 될 것입니다

나는 아이들 가슴에
자신감이 샘솟는
옹달샘을 만들어 주는
구몬 선생님입니다
나는 행복한 선생님입니다

대학 졸업하는 아들에게

어느새 졸업이네
백일도 채 되기 전에
눈을 마주쳤던 너

태권도 유단자 되었다며
검은 띠 벗지 않고 자던 너

그러게, 졸업이네
동생한테 물건 빼앗겨도
동생 손 놓지 않았던 너

축구를 무척 좋아하고
친구들을 잘 이끌어 주던 너

오늘이 졸업이네
군대에서 긍정을 배우고
대학을 자립으로 꾸린 너

이미 삶의 길을
당당히 걷고 있는 너

아들이어서 자랑스럽고
이동훈이어서 멋지다!

오늘도 네가 행복했던 어제처럼
내일도 네가 행복한 오늘처럼

너의 길
그렇게 걸어가기를 응원한다

독백

당신 그리움이 너무 좋아
늘 그 속에서 머문다면 믿을까?

아니, 그럼
당신 행복을 위해
당신을 그리워하고 있다면
믿어 줄까?

처음 마음 그대로
늘 그리워하다 보면
언젠가 믿을 날 오겠지

당신 앞에서
내일도, 모레도
미소 짓다 보면

꽃, 그리고 사람

꽃은
거꾸로 보아도 꽃이고
거꾸로 보아도 꽃이어야 한다
사람도 그렇다